NATIONAL
GEOGRAPHIC

D0503740

Peldaños

BIENVENIDO A
KENIA
ALREDEDOR DEL MUNDO

¡Bienvenido a KENIA!

por Stephanie Herbek

Kenia es un país en África. La mayoría de los días hace calor, está seco y soleado. Guepardos, elefantes, jirafas y muchos otros animales viven en **sabanas**, o tierras cubiertas con hierba y otras plantas. Encuentran sombra debajo de árboles frondosos que los ocultan del brillante sol.

Estos guepardos viven en las sabanas cubiertas con hierba de Kenia. Los guepardos pueden correr de 70 a 75 millas por hora. Las hembras suelen tener tres crías por vez.

Los animales no son los únicos seres vivos en Kenia. Más de 40 millones de personas también viven allí. La mayoría de ellos viven en **aldeas**. Una aldea es una comunidad que es más pequeña que una ciudad y generalmente se ubica en el campo. Muchas personas que viven en aldeas trabajan en granjas. Pasan muchas horas sembrando cultivos en sus campos.

Otros kenianos viven en la ciudad. Toman un autobús o conducen carros en ciudades transitadas para llegar a su trabajo. Trabajan en oficinas, fábricas y escuelas. Descubramos más sobre los habitantes y las comunidades de Kenia.

Chozas de paja y rascacielos

Los kenianos de algunas aldeas viven con su **tribu**. Una tribu es un grupo de personas con la misma lengua, modo de vida y creencias. La mayoría de los aldeanos viven en chozas cómodas hechas con palos y lodo. En el medio de cada choza hay un pozo para fogatas que se usa para cocinar alimentos y calentar agua para lavar. Los aldeanos obtienen agua de pozos subterráneos profundos.

Los aldeanos se mantienen muy ocupados trabajando en su granja. Cultivan gran parte de los alimentos que comen, como la yuca. La yuca es una verdura que se parece un poco a la papa. Los aldeanos también crían vacas y cabras. Estos animales les dan leche a los aldeanos para que vendan en los mercados y la beban.

Las chozas kenianas están bien diseñadas. Sus techos de paja cobijan a las personas del sol caluroso. Las chozas también mantienen secos a los aldeanos cuando llueve.

4

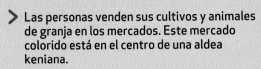 Las personas venden sus cultivos y animales de granja en los mercados. Este mercado colorido está en el centro de una aldea keniana.

Algunos kenianos viven en ciudades como Nairobi, la capital de Kenia. Nairobi es la ciudad más grande del país. Allí viven más de tres millones de personas. La ciudad se parece mucho a las grandes ciudades de otros lugares del mundo. Tiene bibliotecas, rascacielos y restaurantes. La mayoría de los habitantes de Nairobi viven en edificios de apartamentos o casas hechas de hojas planas de metal. Algunos conducen camionetas y otros andan en motocicleta o bicicleta.

Algunas partes de Nairobi, Kenia, son verdes y están llenas de árboles. Otras partes de la ciudad están llenas de edificios altos y carros.

5

La mayoría de los niños que viven en las aldeas kenianas caminan a la escuela todas las mañanas. El día comienza con una canción y luego los estudiantes aprenden swahili. Esta es la lengua que hablan los habitantes de Kenia y de muchos otros países africanos. Los estudiantes estudian afuera, en mesas bajo los árboles. A veces, pueden oír el sonido del gorjeo de aves durante sus lecciones. Debe ser divertido compartir un salón de clase con animales.

No todos los niños van a la escuela en su aldea. Algunos van a escuelas lejos de casa. Otros niños ayudan con el trabajo en la granja en lugar de ir a la escuela.

Las escuelas en las ciudades de Kenia se parecen a las escuelas de los Estados Unidos. Algunos estudiantes usan uniforme para ir a la escuela. Otros usan ropa común. Los niños trabajan en mesas en salones de clase grandes. En algunas escuelas de ciudad, los estudiantes usan computadoras. Como tú, los estudiantes pueden caminar o tomar un autobús para ir y volver de la escuela.

El estado del tiempo en Kenia es soleado y cálido. Es perfecto para jugar al aire libre. ¿Qué deportes practican los niños kenianos? Les encanta el fútbol, el básquetbol y el voleibol.

Dilo en
swahili

tafadhali significa "por favor"

asante significa "gracias"

¿Habari? significa "¿Cómo estás?"

kwaheri significa "adiós"

> ✓ Algunas clases en Kenia se dan al aire libre. ¡Imagina que vieras a un elefante caminando mientras estás en la escuela!

Compruébalo ¿En qué se diferencia la escuela en Kenia de la escuela donde vives? ¿En qué se parece?

Elefante y Liebre

Cuento popular keniano tradicional

relato de Jenny Loomis   ilustraciones de Gerald Guerlais

*Un cuento popular es un relato que enseña **valores**, o creencias sobre qué es importante y cómo deben comportarse las personas. Este cuento popular es de Kenia. El elefante de este cuento representa la fuerza. Una **liebre** es un animal parecido a un conejo, pero más grande. La liebre de este cuento representa el **ingenio**, o la inteligencia. Algunos cuentos populares explican por qué los animales tienen el aspecto que tienen. Este cuento popular explica por qué las liebres tienen la cola corta.*

Cuando el día se convertía en noche, Liebre estaba de pie al borde de un río, observando el agua. Debía llegar a casa antes de que Zorro saliera a cazar. Podía acortar su viaje si cruzaba el río. Pero no tenía suficiente fuerza para nadar a través del agua profunda.

Justo en ese momento, Elefante venía corriendo por el campo. Corrió hasta Liebre y se burló de ella. —Veo que no puedes cruzar el río. Es una pena, ¡porque para mí es muy fácil nadar!

—Espera, Elefante —dijo Liebre—. ¿Puedo ir sobre tu lomo mientras cruzas el río a nado? Temo que Zorro me encuentre antes de poder llegar a casa para darles a mis hijos este gran tarro de miel—. Liebre abrió su canasto y le mostró a Elefante un tarro de miel.

Elefante sonrió cuando vio la miel. Era su golosina preferida. Podía comer miel todo el día, todos los días.

—Te llevaré del otro lado del río si me das tu tarro de miel —dijo Elefante.

—Pero esta miel es un regalo para mis hijos —dijo Liebre con tristeza.

—Bueno. Entonces me voy. Dale mis saludos a Zorro —dijo Elefante maliciosamente.

Liebre sabía que debía llegar a casa antes de que oscureciera, por lo tanto, rápidamente se le ocurrió un plan ingenioso. —Bueno, puedes quedarte con la miel —dijo Liebre.

—Esa es una decisión muy inteligente, Liebre. Súbete para que partamos —le ordenó Elefante.

Elefante llevó a Liebre del otro lado del río. Cuando llegaron al otro lado, levantó la trompa sobre su cabeza para tomar el tarro de miel. Sin embargo, Liebre puso un tarro vacío en la trompa de Elefante. Luego se bajó de su lomo de un salto y corrió hacia su casa. Elefante estaba ocupado admirando su poderosa trompa, por lo tanto, no se dio cuenta de que Liebre lo había engañado.

Cuando vio que lo habían engañado, Elefante se enojó. Lanzó el tarro vacío al suelo y fue tras Liebre. Sus fuertes patas lo acercaban cada vez más. Liebre saltó a un agujero, pero Elefante se estiró y agarró su cola larga. La cola larga y esponjosa de Liebre se desprendió. No le quedó más que un pompón.

Sorprendido, Elefante tiró la cola. Metió la trompa en el agujero para intentar agarrar a Liebre, pero quedó atrapado en la raíz de un árbol. Liebre escapó mientras Elefante estaba ocupado intentado liberar su trompa. Liebre corrió hasta un gran grupo de liebres que estaban cerca.

Liebre sabía que no podía esconderse de Elefante por mucho tiempo.

Debía confundirse con las otras liebres, pero todas tenían colas largas.

Entonces a Liebre se le ocurrió una manera ingeniosa de confundirse.

Ocultó su canasto en unos arbustos y se unió al grupo de liebres. Gritó:

—¡Rápido! ¡Sáquense sus largas colas! Viene Elefante y está muy enojado.

¡Busca liebres con cola larga!

Las liebres asustadas se acababan de sacar la cola larga cuando llegó Elefante. Estaba muy enojado. No le gustaba que lo engañara una liebrecita. Ahora quería esa miel más que nunca. Gritó:
—¡Busco a la liebre con la cola corta! Las liebres con cola larga deben hacerse a un lado.

El grupo de liebres se dio vuelta lentamente y le mostró a Elefante sus colas cortas.

—¡Oh! ¡Esa liebre me ha engañado de nuevo! —rezongó Elefante. Cansado de las ingeniosas liebres, Elefante se fue dando pisotones.

Liebre recogió su canasto y corrió a casa tan rápido como pudo. Cuando llegó, alimentó a sus hambrientos hijos con la miel. Luego les mostró su nueva cola corta. A los niños les gustó tanto su cola, que decidieron acortarse su propia cola.

Liebre también les contó a sus hijos sobre el elefante. —Hijos, quizá no sean tan grandes y fuertes como otros animales, pero son muy inteligentes. Cuando corran peligro, intenten pensar en una solución. Solo ser grandes y fuertes no resuelve todos nuestros problemas.

Los niños estaban agradecidos de tener una madre tan inteligente. Cada uno le dio un gran abrazo. Luego se comieron el resto de la deliciosa miel.

Compruébalo ¿Cómo engaña Liebre a Elefante?

Si visitas la sabana de Kenia, quizá veas a un hombre vestido con ropa roja brillante que camina por la hierba. Lo más probable es que sea un masai, que camina con una manada de vacas, o ganado. Los masai viven en Kenia. Son **nómadas**, que significa que se mudan de un lugar a otro. Se mudan para encontrar lugares con hierba fresca para alimentar a su ganado.

Los hombres masai tienen que caminar muchas millas por día. Deben mover su ganado a áreas cubiertas con hierba.

Los poderosos

Los masai tratan a su ganado muy bien. Los hombres masai generalmente están a cargo de los rebaños. Suelen ponerles nombres a sus vacas. ¡A veces les cantan! Los masai creen que sus vacas son familiares. El ganado recibe este trato especial porque le da a los masai lo que necesitan para vivir una vida buena y cómoda. Las vacas brindan leche, carne y cuero. Son animales muy útiles.

por Sean O'Shea

Leche, carne y medicina

Los masai no comen la carne de sus vacas con mucha frecuencia. Solo comen la carne durante celebraciones especiales. La leche de vaca es muy importante para los masai, ya que compone la mayor parte de su dieta. La leche es una comida común para los masai. También usan la leche para hacer otros alimentos.

En la mañana, algunos masai beben leche o té con leche condimentado llamado *chai*. Muchos masai comen un guisado hecho con harina de maíz, leche, agua y azúcar. Llaman a este guisado *ugi*. También comen yogurt hecho con la leche de sus vacas.

A veces, los masai mordisquean la corteza de los árboles entre comidas. Eso puede parecerte extraño. Pero si has comido algo que tenga canela, también has comido corteza de árbol. Los masai usan la corteza de árbol para darle sabor a la sopa, de la misma manera que tú usas la canela para darle sabor a la avena. También usan la corteza de árbol como medicina para los malestares estomacales.

Tener ganado significa mucho trabajo. Los hombres masai pasan sus días arriando los animales. Las mujeres masai ordeñan el ganado dos veces por día.

Cómo hacer el té chai keniano

El té chai es una bebida muy popular en Kenia. Es té mezclado con leche, azúcar y especias. Muchos niños beben chai en la mañana antes de ir a la escuela.

1. Vierte 2 tazas de agua y 2 tazas de leche en una cacerola.

2. Agrega 1 y 2 cucharaditas de hojas de té negro (o más, si te gusta el té más fuerte) al agua y la leche de la cacerola.

3. Agrega algunas especias como canela, cardamomo y jengibre a la cacerola.

4. Con ayuda de un adulto, hierve la mezcla.

5. Baja el fuego y mantén el té hirviendo hasta que tenga un sabor suficientemente fuerte.

6. Agrega un poco de azúcar para endulzar el té y revuelve.

7. Quita las hojas de té para colar.

8. ¡Coloca el té espaciado en una taza y disfruta!

El poder del rojo

Los masai usan ropa que los mantiene frescos y cómodos en el clima cálido de Kenia. Su ropa y sus zapatos suelen estar hechos de piel de animales. También usan ropa de algodón porque los mantiene más frescos. Las aldeas masai están lejos de los mercados, así que incluso hacen ciertas prendas de vestir con cosas que encuentran cerca de su casa. Por ejemplo, algunos masai hacen sandalias con viejas llantas de carros. A los masai les gusta usar ropa de colores brillantes. El rojo es un color importante porque **simboliza**, o representa, el poder.

Los masai hacen bellas joyas de muchos colores diferentes. Usan cuentas de vidrio y arcilla como **adornos**, o cosas que agregan belleza. También engarzan metal, semillas, marfil, hueso, cuernos, conchas de mar, cuero y plumas. Los masai usan estas joyas en forma de aretes, collares y brazaletes. A veces, los jóvenes y las mujeres usan joyas especiales para atraerse.

Saltar para divertirse

Saltar es parte de una danza masai llamada *adumu*. En esta danza, los guerreros se turnan para saltar. Un **guerrero** masai es un joven que aprende a cazar y a proteger a su familia. Cada guerrero canta mientras salta cada vez más alto. El hombre que salta más alto gana el concurso. Los masai creen que el que salta más alto es el guerrero más fuerte.

Los hombres masai se convierten en guerreros en su adolescencia. Después de unos diez años de ser guerreros, están listos para convertirse en adultos. Bailan para celebrar el fin de sus años como guerreros y el comienzo de la adultez. Una vez que son adultos, los hombres pueden casarse, tener una familia y criar vacas.

< Dos guerreros masai muestran su fuerza saltando alto.

Compruébalo ¿Por qué el ganado es importante para los masai?

Comenta

1. Comenta sobre algunas de las maneras en las que crees que se relacionan los tres artículos de este libro.

2. ¿En qué se diferencia la vida en una aldea de Kenia de la vida en una ciudad?

3. ¿Cuáles son algunas cosas importantes que aprendiste sobre el modo de vida de los masai?

4. En el cuento popular, Liebre es ingeniosa y Elefante es fuerte. ¿Crees que es más importante el ingenio o la fuerza? ¿Por qué?

5. ¿Qué te sigues preguntando sobre Kenia y las personas que viven allí?